VENTE

HOTEL DROUOT, SALLE N° 6

Le Lundi 7 Mars 1898

48 TABLEAUX

DE

André Sinet

Mᵉ PAUL CHEVALLIER
Commissaire-priseur

M. GEORGES PETIT
Expert

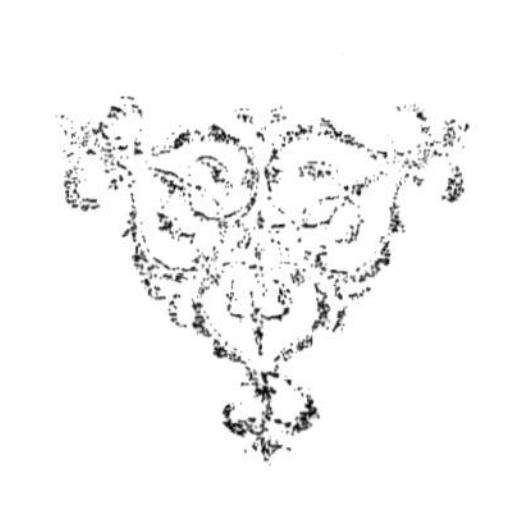

TABLEAUX

D'ANDRÉ SINET

PARIS. — IMPRIMERIE GEORGES PETIT

12, RUE GODOT-DE-MAUROI, 12

CATALOGUE

DE

48 TABLEAUX

DE

ANDRÉ SINET

DONT LA VENTE AURA LIEU

HOTEL DROUOT, Salle N° 6

Le Lundi 7 Mars 1898

A 3 HEURES 1/2

Me Paul CHEVALLIER	M. GEORGES PETIT
COMMISSAIRE-PRISEUR	EXPERT
10, Rue Grange-Batelière.	*12, Rue Godot-de-Mauroi.*

EXPOSITION PUBLIQUE

Le Dimanche 6 Mars, de 1 heure 1/2 à 5 heures 1/2.

CONDITIONS DE LA VENTE

———

Elle sera faite au comptant.

Les Acquéreurs paieront *cinq pour cent* en sus des adjudications.

DÉSIGNATION

1 — *La Charrette.*

Signé en bas, à gauche.

Haut., 31 cent.; larg., 42 cent.

2 — *Les Foins.*

Signé en bas, à droite.

Haut., 19 cent.; larg., 27 cent.

3 — *La Petite Glaneuse.*

Haut., 32 cent.; larg., 41 cent.

4 — *La Sarcleuse.*

Signé en bas, à droite.

Haut., 21 cent.; larg., 25 cent.

5 — *La Bineuse.*

Signé en bas, à gauche.

Haut., 25 cent.; larg., 30 cent.

6 — *La Fin de l'averse.*

Signé en bas, à gauche.

Haut., 22 cent. ; larg., 20 cent.

7 — *L'Allée couverte.*

Signé en bas, à gauche.

Haut., 20 cent.; larg., 26 cent.

8 — *La Maraîchère.*

Signé en bas, à droite.

Haut., 25 cent.; larg., 20 cent.

9 — *Les Mauvaises Herbes.*

Signé en bas, à gauche.

Haut., 27 cent.; larg., 21 cent.

10 — *La Bineuse.*

Signé en bas, à gauche.

Haut., 19 cent.; larg., 31 cent.

11 — *La Charrue.*

Signé en bas, à gauche.

Haut., 26 cent.; larg., 19 cent.

12 — *La Ferme.*

Signé en bas, à gauche.

Haut., 31 cent.; larg., 36 cent.

13 — *Le Verger.*

Signé en bas, à gauche.

Haut., 33 cent.; larg., 24 cent.

14 — *Le Maraîcher.*

Signé en bas, à droite.

Haut., 29 cent.; larg., 35 cent.

15 — *Le Repiqueur de poireaux.*

Signé en bas, à droite.

Haut., 25 cent.; larg., 21 cent.

16 — *Sarcleuse.*

Signé en bas, à droite.

Haut., 29 cent.; larg., 20 cent.

17 — *Jeune Fille piétinant des graines.*

Signé en bas, à gauche.

Haut., 29 cent.; larg., 20 cent.

18 — *Le Sentier.*

Signé en bas, à gauche.

Haut., 28 cent.; larg., 40 cent.

19 — *Les Bœufs.*

Signé en bas, à gauche.

Haut., 22 cent.; larg., 37 cent.

20 — *Brouillard du matin (Iles Bor-romées).*

Signé en bas, à droite

Haut., 24 cent.; larg., 28 cent.

21 — *Naples.*

Signé en bas, à gauche.

Haut., 28 cent.; larg., 37 cent.

22 — *Au Lido.*

Signé en bas, à droite.

Haut., 23 cent.; larg., 30 cent.

23 — *Venise.*

Signé en bas, à gauche.

Haut., 29 cent.; larg., 42 cent.

24 — *De Pompéï à Castellamare.*

Signé en bas, à gauche.

Haut., 21 cent.; larg., 29 cent.

25 — *Le Temple de la Sibylle (Tivoli).*

Signé en bas, à gauche.

Hau. 38 cent.; larg., 29 cent.

26 — *Capri (La Roche de Tibère).*

Signé en bas, à gauche.

Haut., 29 cent. ; larg., 36 cent.

27 — *Le Coucher du Soleil (Capri).*

Signé en bas, à droite.

Haut., 18 cent.; larg., 30 cent.

28 — *Florence et l'Arno.*

Signé en bas, à gauche.

Haut., 27 cent.; larg., 33 cent.

29 — *Le Steamer (Pallanza).*

Signé en bas, à gauche.

Haut., 20 cent.; larg., 27 cent.

3o — *La Villa Adriana.*

Signé en bas, à gauche.

Haut., 27 cent.; larg., 37 cent.

3i — *Édimbourg, la nuit.*

Haut., 33 cent.; larg., 21 cent.

32 — *La Promenade du Dimanche (Hampton-Court).*

Signé en bas, à gauche.

Haut., 24 cent.; larg., 32 cent.

33 — *Pallanza.*

Signé en bas, à gauche.

Haut., 20 cent.; larg., 29 cent.

34 — *La Mer du Nord.*

Signé en bas, à droite.

Haut., 38 cent.; larg., 3o cent.

.35 — *Coucher de Soleil (Mer du Nord).*

Signé en bas, à droite.

Haut., 37 cent.; larg., 27 cent.

36 — *Le Bleu de la Méditerranée (Capri).*

Signé en bas, à droite.

Haut., 18 cent.; larg., 3o cent.

37 — *Piccadilly (Brouillard du soir).*

Signé en bas, à droite.

Haut., 3g cent.; larg., 31 cent.

38 — *Le Baby.*

Signé en bas, à gauche.

Haut., 46 cent.; larg., 3o cent.

39 — *La Chanteuse de Café-Concert.*

Haut., 20 cent.; larg., 15 cent.

40 — *La Toilette.*

Signé en haut, à droite.

Haut., 22 cent.; larg., 15 cent.

41 — *La Seine.*

Signé en bas, à gauche.

Haut., 21 cent.; larg., 29 cent.

42 — *La Divette.*

Signé en bas, à gauche.

Haut., 16 cent.; larg., 16 cent.

43 — *Le Clown.*

Signé en bas, à gauche.

Haut., 30 cent.; larg., 25 cent.

44 — *Les Tuileries.*

Signé en bas, à droite.

> Haut., 20 cent.; larg., 19 cent.

45 — *La Colonne Morris.*

Signé en bas, à droite.

> Haut., 26 cent.; larg., 20 cent.

46 — *Le Corset.*

Signé en bas, à gauche.

> Haut., 32 cent., larg., 23 cent.

47 — *La Cigarette.*

> Haut., 45 cent.; larg., 37 cent.

48 — *La Créole.*

Signé en bas, à droite.

> Haut., 44 cent.; larg., 36 cent.